AF603107

COLLECTION CHINOISE

ET

INDO-CHINOISE

OBJETS ANCIENS PROVENANT DE M. C.

Bronzes ◇ Céramique ◇ Porcelaines
Poteries émaillées ◇ Incrustations
Bois sculpté ◇ Ivoire ◇ Étoffes ◇ Meubles
Divinités Bouddhiques et Taoïstes

VENTE AUX ENCHÈRES PUBLIQUES

HÔTEL DES COMMISSAIRES-PRISEURS, RUE DROUOT, 9

Le Samedi 2 Mars 1907, à 2 heures précises

SALLE N° 1

EXPOSITION PUBLIQUE

MÊME SALLE

Le Vendredi 1er Mars, de 2 à 6 heures

Me PAUL BIZOUARD	M. ERNEST LEROUX
COMMISSAIRE-PRISEUR	EXPERT
Rue Duphot, 18	Rue Bonaparte, 28

ERNEST LEROUX, ÉDITEUR
28, RUE BONAPARTE, 28.

L'ART EN EXTRÊME-ORIENT

GÉNÉRAL L. DE BEYLIÉ

L'Architecture hindoue dans l'Extrême-Orient. Un beau volume gr. in-8, richement illustré. . . . . 25 fr. »

A. BENAZET

Le Théâtre au Japon, ses rapports avec les cultes locaux. In-8, richement illustré. (Bibliothèque d'études du Musée Guimet, tome XIII). 7 50

BRETSCHNEIDER

Recherches archéologiques et historiques sur Pékin et ses environs, traduit par Collin de Plancy. In-8, plans et figures. . . 12 »

ED. CHAVANNES *de l'Institut.*

La Sculpture sur pierre en Chine au temps des deux dynasties Han. In-4, 60 planches. . . . . 30 »

TH. DURET

Catalogue raisonné des livres et albums illustrés du Japon, au Cabinet des estampes de la Bibliothèque Nationale. In-8, grav. et planches en couleurs 7 50

A. FOUCHER

L'Art gréco-bouddhique du Gandhara. Étude sur l'origine des influences classiques dans l'art bouddhique de l'Inde et de l'Extrême-Orient. Les Édifices. Les bas-reliefs. Gr. in-8, avec 300 illustrations, une planche et une carte . . . . 15 »

L. DE LAJONQUIÈRE

Inventaire descriptif des monuments du Cambodge. Gr. in-8, nombreuses illustrations. . . . . 15 »

Atlas archéologique de l'Indo-Chine. Monuments du Champa et du Cambodge. In-folio, cartes, cart. . . . . 12 »

L. DE MILLOUÉ

Petit Guide illustré au Musée Guimet. In-18, nombr. fig . . . 1 »

OUÉDA TOKUNOSUKÉ

La Céramique japonaise, avec une Préface relative aux cérémonies du thé, par E. Deshayes. In-18 . . . . 3 50

Cent proverbes japonais illustrés, traduction de F. Steenackers. In-4 de luxe, papier teinté, 200 illustrations. . . . . 20 »

Tours, imprimerie E. ARRAULT et Cie.

COLLECTION CHINOISE

ET

INDO-CHINOISE

ORDRE DE LA VENTE :

Numéros	32	à	82
—	1	à	31
—	83	à	137
—	171	à	212
—	138	à	170

CONDITIONS DE LA VENTE

La vente sera faite au comptant. Les acquéreurs paieront dix pour cent en sus des enchères.

Aucune réclamation ne sera admise après l'adjudication.

COLLECTION CHINOISE

ET

INDO-CHINOISE

OBJETS ANCIENS PROVENANT DE M. C.

Bronzes ⟡ Céramique ⟡ Porcelaines
Poteries émaillées ⟡ Incrustations
Bois sculpté ⟡ Ivoire ⟡ Étoffes ⟡ Meubles
Divinités Bouddhiques et Taoïstes

VENTE AUX ENCHÈRES PUBLIQUES

HOTEL DES COMMISSAIRES-PRISEURS, RUE DROUOT, 9

Le Samedi 2 Mars 1907, à 2 heures précises

SALLE N° 1

EXPOSITION PUBLIQUE

MÊME SALLE

Le Vendredi 1er Mars, de 2 à 6 heures

Me PAUL BIZOUARD	M. ERNEST LEROUX
COMMISSAIRE-PRISEUR	EXPERT
Rue Duphot, 18	Rue Bonaparte, 28

COLLECTION CHINOISE

ET

INDO-CHINOISE

Bronzes.

1. Trois pièces. Gobelet campanulé, piédouche, 0,08. Petit vase balustre forme canon, porte-fleur, 0,09. Petit vase, ornements en relief, 0,09.

2. Un brûle-parfums circulaire jaune, anses branches fleuries, couvercle ajouré chimère, 0,18.

3. Un brûle-parfums circulaire jaune, couvercle chimère, avec socle 0,19, cachet *siuan-to* (1426-1435).

4. Quatre pièces. Petite coupe gravée de fleurs, anses dragons, diam. 0,04. Divinité minuscule accroupie, patine verte, 0,04. Gobelet en couronne 0,055. Petite bonbonnière jaune, fleur stylisée, gravée avec rinceaux.

5. Un grand brûle-parfums rectangulaire avec socle, couvercle chimère, médaillons et bordure gravés, haut. 0,45. Cachet *siuan-to* (1426-1435).

6. Trois pièces. Trois pesons, lobés, gravés, de balance chinoise (formant contre-poids de balance dite romaine).

7. **Cinq pièces.** Trois petites boîtes à tabac dont deux cylindriques et une rectangulaire gravées. Théière minuscule patine rouge. Louche à eau, culte bouddhique.

8. **Coupe** à palmettes formées de feuilles de nénuphar stylisées, finement ciselée avec fruits en relief, pied ajouré, 0,06.

9. **Trois pièces.** Tête d'éléphant ciselée (pied de brûle-parfums). Petit crapaud à trois pattes (habitant la lune), jaune. Petit couvercle de brûle-parfums, chien de Fô posant sa patte sur une boule.

10. **Carpe** jaune, formant brûle-parfums, écailles niellées argent, long. 0,15.

11. **Dragon annamite** gravé de caractères géométriques sur socle rectangulaire, long. 0,17.

12. **Chien de Fô** sur socle, accroupi ; près de lui, petit vase cylindrique pour mettre des fleurs, haut. 0,15.

13. **Aiguière-buire** forme persane, patine foncée, zonée d'ornements quadrillés et gravée de caractères du bonheur dans médaillons cordiformes, 0,24.

14. **Trois pièces.** Théière, sans couvercle, patine verte, quatre parties gravées. Petite théière, anse double mobile, unie, patine foncée. Petite coupe tripode à deux mascarons, gravée d'ornements, patine foncée.

15. **Cerf** sur socle, debout, tenant branche fleurie, 0,24.

16. **Deux pièces.** Coupe formée d'un plateau circulaire sur pied (objet servant à recueillir les fleurs coupées), diam. 0,10. Coupe balustre patine foncée, 0,08 × 0,12.

17. **Petite coupe** tripode sur socle bronze, patine rougeâtre 0,10. Cachet *siuan-to* (1426-1435).

18. Fer à repasser, forme ancienne, gravé de quadrillés et de caractères stylisés, manche bois.

19. Vase balustre avec dragon, en haut-relief, enroulé, patine foncée, 0,15.

20. Vase hexagonal avec anses têtes d'éléphants, gravure quadrillée au col, patine foncée, 0,20.

21. Vase cylindrique à col tubulaire, zones gravées, patine rougeâtre, 0,22.

22. Brûle-parfums. Le philosophe chinois Lao Tseu, assis sur un cerf (objet curieux par certains endroits réparés en argent), 0,16.

23. Chen-nong, l'inventeur de la médecine, debout, portant sur son dos la gourde à médicaments. Sa tête présente les deux excroissances cornues attribuées aux trois premiers empereurs mythologiques. (Catalogue du musée Guimet), patine foncée, 0,19.

24. Personnage debout, portant sur son dos une carpe dans une hotte, 0,13.

25. Brûle-parfums bouddhique, tripode, à deux anses, patine brun clair, diam. 0,22. Sur le fond du brûle-parfums, cachet K'in chou kiu, « Demeure du Luth et des Livres ».

26. Grand Brûle-parfums tripode, patine foncée, anses carrées, couvercle chimère. Haut. 0,45.

27. Grand brûle-parfums de pagode, tripode, anses dragons se détachant du vase, patine rouge foncée avec un socle hexagonal. Haut. 0,34, larg. 0,42. Cachet sur le dessous « Fabriqué par la salle Pan-cheng, « A demi-sauvage » en l'année Wou-tch'en (= 1688 ou 1748).

28. Deux grands vases balustres tonkinois jaunes, anses têtes d'éléphants, bas-relief d'éléphants et palmiers au milieu. Haut. 0,33.

29. Deux pièces. Deux coupes sur pieds patine rouge, niellée branches de prunier à fleurs argent. Coupes servant à recevoir les pétales de fleurs.

Grès émaillé.

30. Flacon rectangulaire, céladon vert de mer foncé. Caractères en relief sur deux faces signifiant : « Les plantes, pendant les quatre saisons, sont parfumées. » Haut. 0,11. Écorné.

Craquelé.

31. Vase balustre à mascarons, têtes de chimères à anneaux mobiles bruns, zone biscuit brun gravé, craquelé jaune. Haut. 0,21. Cachet en creux Kang-hi, 1662-1722.

Céramique à couverte blanche.

32. Petite théière faïence, crème pâle truitée, cachet gravé dans la pâte, 0,09.

33. Petite coupe creuse, pâte dure décorée en noir, à la plume, d'un paysage et de poésie. Cachet Tchangwan, signifiant « Jouet précieux ».

34. La déesse de Miséricorde Kouan Yin, accroupie sur un socle de lotus, et tenant en sa main la perle sacrée. Petite statuette pâte dure.

Porcelaine blanche à décors bleus.

35. Pipe à eau cylindrique, garnitures cuivre et argent, décorée de quatre médaillons au dragon impérial. Marque signifiant : « Jouet élégant qui conserve les parfums ».

36. Pipe à eau cylindrique, garniture cuivre, gravé d'accessoires d'autel. Dans le décor, « Livres et Dessins du mur de l'est ».

37. Dix petites bouteilles, décorées de dragons et fleurs. Haut. 0,18 environ.

38. Deux bols mi-sphériques, décorés d'oiseaux sur branches de prunier avec cachets de « bonheur et de chance ».

39. Deux petites pièces. Pot à gingembre ovoïde, sans couvercle, décoré de paysage, 0,11. Potiche ovoïde, sans couvercle, décorée d'un crabe, 0,07.

40. Un bol à riz avec couvercle et soucoupe décoré d'un chien de Fô.

41. Un bol paysage et poésie, cerclé cuivre. Marque cachet Tsing-wan, « jouet délicat », 0,19.

42. Un bol vieilles pagodes et poésies, 0,19. Marque Tch'eng houa (1465-1487).

43. Trois bols décors divers, cerclés cuivre, cachets : 1° « Chéou », longévité ; 2° collection d'objets précieux de Jo-chen ; 3° règne de Tu Duc (1845-1882).

44. Une boîte à poudre de riz ovale, décorée de paysages à pagodes, 0,13.

*

45. Trois pièces. Un fond de plat découpé en disque. Un petit plat cerclé cuivre avec poésie en deux quatrains sur la lune et les fleurs de pruniers. Un petit plat décoré d'un dragon et d'un oiseau, marque « wan yu », jouets en jade.

46. Deux plats creux, décorés chacun d'un dragon tenant la perle sacrée, dans les nuages; la queue du dragon se continue vers le dessous du plat. Diam. 0,28.

46 *bis*. Trois plats creux, décorés d'oiseaux sur arbres ; deux plats sont rehaussés de rouge de cuivre pâle. Diam. 0,28.

47. Deux plats. Un encastré dans monture de bois laqué formant boîte à fruits. L'autre, décoré du grand caractère Cheou (longévité) au milieu. Diam. 0,28.

48. Petite bonbonnière cylindrique formée d'une petite plaque forme disque, décorée d'un paysage, montée bronze patiné. Diam. 0,065.

49. Un bol décoré de dragons à fleurs, 0,20, marque Kang-hi, 1662-1722.

50. Deux bols coniques cerclés de cuivre, décorés d'attributs. Diam. 0,13.

51. Un bol. Un bol décoré de palmes et de raies avec cercle cuivre, 0,17.

52. Trois grands bols très creux décorés à l'intérieur du caractère Chouang, « double source », et Hie-yuan, « origine harmonieuse », et à l'extérieur des signes du bonheur. Diam. 0,25 à 0,28.

53. Huit petites pièces. Trois petites tasses coniques cerclées cuivre, marques Yu (jade). Quatre petites tasses cerclées cuivre et coupe formant plateau, marques « Collection d'objets précieux faits par Jo-chen ». Sur une tasse et sur la coupe, marque Neï-fou, « Département de la maison impériale ».

54. **Un pot à gingembre** décor paysage, 0,25.

55. **Vase boule** décoré de nuages pâles, monté sur socle bois laqué rouge et or. Pièce servant dans une pagode à contenir l'eau sacrée.

56. **Grande soupière** couverte, ovale à pans, avec mascarons, décorée de bouquets de fleurs, léger accident à la chimère. Long. 0,30.

57. **Deux grands vases** à panse renflée au milieu, décorés de personnages, paysages et fleurs, séparés par zones en biscuit brun gravé. Haut. 0,47.
Reproduction de vases de l'époque de Tch'eng-houa. Cachet gravé.

58. **Quatre soucoupes** décors divers, dont une marque chang-yi, « estime accordée à la justice. »

58 *bis*. **Quatre soucoupes** décors divers, marques : 1° Yuan niao, oiseau noir (hirondelle) ; 2° Wan Yu, jouet en jade ; 3° Jou Yu, comme le jade ; 4° pas de marque.

59. **Cuvette ovale**, pagode au milieu d'un lac, 0,35.

60. **Petit écran.** Plaque bleu foncé soufflé représentant un dragon apparaissant dans les nuages, encadrement bois noir.

61. **Cinq bols** décors divers cerclés cuivre, marques : Nei-fou, « département de la maison de l'empereur » ; Wan Yu, « jouets en jade ».

62. **Six bols** décors divers, marques : Cheng Yu, « jade victorieux » ; « Collection d'objets précieux de Jo-chen » ; Wan Yu, « jouets en jade ».

Porcelaine blanche à décors polychromes.

63. **Deux bouteilles** jaunes, bouquets de fleurs polychromes. Haut. 0,34. Marque Kouang-siu.

64. **Trois bols campanulés** jaune impérial, gravés de dragons et nuages, décorés d'un dragon rouge à l'intérieur, 0,15. Marque Kouang-siu. Fin XIXe siècle.

65. **Un petit bol** jaune, gravé et décoré du dragon impérial, 0,05. Même marque.

66. **Quatre soucoupes** jaune impérial, gravées de dragons. Même marque.

67. **Deux coupes** jaunes. Une à réserve de médaillons dragons, une autre à médaillons papillons, grues en émaux fixes. Même marque.

68. **Quatre soucoupes** à fond noir. Trois à réserves de dragons et perles. Même marque. La quatrième à réserves de chauves-souris stylisées, bord quadrillé. Marqué au-dessous en rouge, au feu de moufle. Marque Kang-hi.

69. **Deux grands plats** fond jaune à quatre médaillons réservés d'attributs religieux. Au milieu, caractère du bonheur, 0,40. Marque Kouang-siu. XIXe siècle.

70. **Quinze pièces.** Douze tasses et soucoupes, théière, pot à lait, sucrier, décorés de fleurs dorées. Canton. XIXe siècle.

71. **Deux grands vases cylindriques** parties ajourées, bordées filets d'or, finement décorés de personnages avec éléphants, chien de Fô, etc. Haut. 0,28. Un vase fêlé. Cachet rouge. Commencement XIXe siècle.

72. **Vase balustre** indien, biscuit décoré au feu de moufle, de fleurs et ornements rehaussés d'or. Haut. 0,47.

Porcelaine à couverte monochrome et décorée.

73. Coupe circulaire, basse, jaune, gravée de dragons impériaux et nuages. Diam. 0,10.

74. Potiche turquoise bleuâtre avec couvercle, gravée de dragons et nuages. Haut. 0,42.

75. Grand vase quadrangulaire balustre, gros bleu, anses, parties encore dorées, 0,39, fêlé.

Poterie dite Boccaro.

76. Trois petites théières tripodes, dont deux à garnitures d'argent. Une portant l'inscription : « Le prunier fleurissait même en hiver ». Signature Manh Than.

77. Théière anse forme chauve-souris stylisée, ornée en haut-relief d'amandes, noix, noisettes et autres fruits.

78. Théière cylindrique foncée, réserves en pâtes claires formant motifs géométriques.

Poteries émaillées.

79. Trois pièces. Trois statuettes, Chinois et Chinoise debout, 0,32.

80. Petit personnage (Dharma) grès émaillé de rouge, visage biscuit mat foncé, socle bois avec inscription.

Émaux cloisonnés et peints.

81. Un grand plat émail cloisonné, décoré au milieu de l'oiseau de Hô et au marli de quatre médaillons d'attributs, d'oiseaux. Travail japonais moderne. Diam. 0,45.

82. Trois pièces. Deux pendeloques, émaux polychromes peints, représentant deux ornements de temple composés chacun de quatre plaques à face double. Long. 0,36. — Une petite tasse, émail bleu peint à fleurettes.

Bois naturel.

83. Grand écran à deux faces. Le double panneau du milieu, finement sculpté et ajouré d'animaux dans paysages sur grecques, est formé d'une multitude de petits morceaux accolés et est recouvert de vitre en glace de chaque côté. Le dessus, les montants et les pieds sont sculptés et ajourés d'ornements et de dragons stylisés. Haut. 1,33; larg. 1 m.
Pièce exposée par les douanes impériales chinoises à l'Exposition d'Hanoï.

84. Deux coupes-plateaux, formées de fruits évidés et ajourés, 0,25.

85. Plateau à bords lobés en bois noir gravé au couteau d'un paysage japonais représentant le pont bombé divin de Nikkô, reliant deux forêts de pins. Ce pont ne servait qu'une fois l'an pour le passage du délégué du Mikado, le jour anniversaire de la mort du Shôgoun Yéyas.

86. Plateau creux rectangulaire foncé, fines galeries à jours verticales et sculpture, 0,32 × 0,30.

87. Pitong (tube à pinceaux) cylindrique formé d'un bambou sculpté de caractères. Souhaits de bonheur, 0,12.

88. Deux oiseaux, provenant de drapeaux de fêtes.

89. Une boîte sculptée pour le service du thé, 0,23.

90. Bonbonnière minuscule en bois d'aloès gravée de deux côtés d'un distillateur d'alcool et de l'autre côté d'un cachet « fabriqué par Hiang T'ien », 0,05.

91. Oiseau formé par un morceau de bambou recourbé, 0,25.

92. Plateau bois de teck à quatre angles lobés et sculptés, gravé au couteau, de papillons, chrysanthèmes, etc., 0,45.,

Bois sculpté, ajouré, doré.

93. Deux portes or et rouge, sculptées, ajourées, vases au milieu de fleurs. Haut. 1,73 ; larg. 0,34.

93 *bis*. **Grand dessus de porte** en trois parties s'emboîtant, composé d'une frise et de deux pendentifs sculptés, ajourés, dorés de fleurs et arbres. Larg. 1,90 ; haut. 1,78.

94. Un morceau sculpté, ajouré, doré de vases, personnages et ornements. Long. 0,60.

95. Deux morceaux formant parties inférieures de porte, sculptées, ajourées, dorées de fleurs et fruits. Haut. 0,42 ; larg. 0,28.

96. Une enseigne sculptée et dorée de marchand vendant gâteaux, viandes, etc.

97. Tableau sculpté en haut-relief de personnages, rehaut d'or, 0,37.

97 *bis*. **Tableau** sculpté de cerfs et oiseau dans paysage, rehauts d'or 0,37.

98. Plaque rectangulaire à caractères et chiffres en relief sur grecques dorées formant table à jeu pour compter jusqu'à cent, 0,45.

99. Bordure sculptée de personnages dorés, 0,61.

Bois incrusté de nacre.

100. Quatre plateaux annamites anciens à côtés verticaux, carrés, coins arrondis, incrustés de branches de fleurs et inscriptions en caractères, 0,25.

101. Trois plateaux carrés annamites. Un à fines incrustations en relief garni argent. Le second avec pourtour finement ajouré, coins recouverts de métal. Le troisième pourtour en ivoire ajouré.

102. Grand plateau ovale pour le service de l'opium, en bois naturel finement incrusté de pagodes et de personnages. Zones de fleurs et de papillons. Très beau travail d'incrustation, 0,86 × 0,55.

103. Grand guéridon tripode à plateau circulaire mobile en bois dur foncé, très finement incrusté de pagodes stylisées, d'animaux et de personnages. Haut. 0,75 ; diamètre du plateau 0,65, d'une seule pièce.

104. Petit cadre à portrait photographique se coulissant, bois noir, incrustations de nacre sur les deux faces.

Bois laqué.

105. Deux grands panneaux laque noire, gravés de bambous et de poésies sur les saisons, rehauts d'or, 1,96 × 0,33

106. Boîte à costume de cérémonie, en bois odorant sculpté, laque noire et rouge, caractères en nacre, 0,42 × 0,36.

Métaux précieux.

107. Une épingle à cheveux en or, filigranée. Poids 6 gr.

108. Deux petites boîtes à chaux argent ajourées, ciselées, filigranées ; nécessaire pour manger le bétel, avec chaînes et épingles. Poids 73 gr.

109. Nécessaire de toilette de dame argent et cuivre, onglier, pince à épiler, cure-oreilles. Poids 35 gr.

110. Nécessaire de toilette argent, cure-oreilles, onglier, pièce de monnaie, morceau d'ambre ; le tout suspendu à des chaînes. Poids 18 gr. sans l'ambre.

111. Nécessaire pour le bétel, argent. Petite boîte en forme de cœur se portant à la ceinture avec chaîne et anneau brisé. Poids 48 gr.

112. Un gratte-langue en deux fanons flexibles.

113. Deux agrafes, chaîne filigranée et anneau ouvert pour chapeau annamite. Poids 30 gr.

114. Ornement de chapeau de dame annamite argent repoussé composé de trois pièces : une plaque et deux oreillons. Poids 40 gr.

115. Trois pièces argent. Un collier d'enfant et deux bracelets. Poids 95 gr.

116. Deux étuis cigarettes de dame argent repoussé et ajouré, forme carquois. Poids 55 gr.

117. Six bonbonnières argent repoussé. Deux ovales, deux rondes, une rectangulaire et une transformée en boîte à allumettes. Poids 245 gr.

Marbres, pierres.

118. Li T'ié-kouai, le dieu des mendiants, bâton à la main, portant sur son dos la gourde à médicaments, marbre verdâtre.

119. Pierre sonore. Reproduction en pierre tendre d'un K'ing, portant la date de la première année Yong-hô (= 345 ap. J.-C.).

120. Écran plaque de marbre jaunеâtre montée bois (0,38) représentant habitation au milieu de rochers et de pins.

121. Petit vase balustre, panse aplatie, à canaux parallèles, marbre foncé, sur socle bois noir, 0,15.

122. Cheou Sing, le dieu de la longévité, au crâne démesuré, accroupi, pierre de lard. Les chairs piquées de points rouges et vêtement noir, 0,13.

123. Cachet de lettré en pierre dure gravée en l'année 1795. Soixantième année de Kienlong. 0,044 × 0,021. Au revers « Les flots de la science se répandent vivants sur le monde ».

Ivoire.

124. Quatre baguettes servant de couverts de table pour manger, provenance chinoise.

125. Un petit personnage debout coiffé d'un bonnet.

126. Un marchand de poissons, 0,13.

127. Un montreur de singe et enfants jouant d'instruments de musique.

128. Deux pitongs cylindriques minuscules sur socle, 0,10.

129. Deux petits vases balustres hexagones gravés et ajourés, 0,15.

130. Cinq boîtes à poudre dont une double avec couvercle surmonté d'un chien de Fô finement sculpté. Haut. 0,18.

131. Deux baguettes servant à manger fruits confits et bonbons mous, très finement sculptées d'oiseaux et de fleurs.

132. Deux défenses d'éléphant d'environ 0,60 de longueur.

Médailles et monnaies chinoises, annamites, siamoises.

133. Une grande médaille cuivre, trouée, portant inscription : « Bonne chance dans toutes les occasions ».

xvie siècle.

134. Une médaille trouée. Inscription « Précieuse pour tout le monde ».

135. Deux médailles époque Hien-fong. Milieu XIXe siècle.
Deux médailles époque Tu-duc. Milieu XIXe siècle.

136. Quatre pièces siamoises argent, non trouées, frappées de trois pagodes ; au revers : éléphant.
Une pièce argent trouée règne de Tu-duc. XIXe siècle.

137. Un lot de vingt-neuf pièces de monnaies en bronze numérotées et étiquetées : chinoises depuis le commencement du XIe siècle jusqu'à fin du XIXe, et annamites depuis le XIe siècle jusqu'à milieu du XIXe siècle, avec notice calligraphique numérotée et datée.

Chinoises : Changhung, Yunhinh, Vanlich, Yunchinh, Kang-hi, Vinlich, Kienlong, Honghoà, Taoquang, Nguyenthong, Quantu.

Annamites : Chiemou, Giakhanh, Canhung, Quanchung, Canthinp, Gialong, Chienthong, Minhmanh, Thienchi, Tuduc.

Étoffes et chaussures de dames.

138. Lambrequin rouge en laine brodée à la main de trois médaillons et poésie annamite. Long. 1,90.

139. Panneau soie rouge avec trois caractères : bonheur, chance, richesse. Long. 1,55. Larg. 0,70.

139 *bis*. **Deux panneaux** soie jaune, poésie brodée rouge. Long. 1,50. Larg. 0,34.

140. Grand panneau blanc en soie rembourrée, brodé de canards et lotus polychromes, 2,10 × 1,40.

141. Grand panneau soie fond crème brodé de la procession du dragon. Annam. 2,10 × 1,40.

142. Quatre robes et sept écharpes laotiennes brodées coton or et argent et porte-bébé en toile formé d'un sac carré avec bretelles pour porter l'enfant.

142 *bis.* **Pièce de soie chinoise,** fond rouge, médaillons polychromes décor d'animaux et de fleurs. Long. 4,10. Larg. 0,74.

143. Grand panneau soie fond rouge, bordure verdâtre, brodé d'attributs, fleurs et caractères; 2,10 × 1,50.

Chaussures de dames exposées par le gouvernement chinois à Hanoï (Exposition de 1902).

144. Une paire chaussures de dame à pieds naturels, soie et velours brodés. Long. 0,22.

Une paire galoches, pour petits pieds en bois et cuir. Long. de semelle, 0,10.

Une paire souliers de pluie, pour petits pieds en cuir, semelle garnie de gros clous. Long. de semelle, 0,10.

Une paire pantoufles, pour petits pieds soie et cuir. Long. de semelle 0,10.

Une paire bottines, pour petits pieds soie bleue brodée argent. Long. de semelle 0,10.

Une paire souliers minuscules, soie rouge brodée or et argent. Long. 0,05.

Divers.

145. Grand cadenas de pagode en fer forgé (pièce d'une grande rareté). Long. 0,28.

146. Grand cadenas fer forgé. Long. 0,23.

147. Trois cadenas en bronze patiné dont deux à systèmes de caractères mobiles, 0,16, 0,10, 0,085.

148. Huit cuillères en noix de coco, nacre, coquille, sculptées garnitures cuivre et argent.

149. Deux sabres magiques, formés de sapèques enfilées. Pièces servant de porte-bonheur. Placés sous l'oreiller pendant la nuit, ils mettent en fuite les démons et éloignent le cauchemar. (Taôisme.)

150. Deux chaufferettes en bronze, une octogone, une circulaire avec couvercle à résilles.

151. Une boîte écaille rectangulaire garnie argent.

152. Une boîte étain circulaire à bétel, origine cambodgienne. Sur le couvercle personnages à bonnets pointus et à plusieurs bras dans des nuages : pourtour, ornements divers, séparations à l'intérieur. Diam. 0,16.

153. Écran de pagode en pierre de Ta-li, formé d'une plaque dont les veines naturelles représentent des nuages avec, au-dessous, poésie et inscription tirées d'un recueil archéologique ancien. Yunnan, 0,35 × 0,20.

154. Grand plateau étain annamite rectangulaire à côtés rentrants, gravé d'oiseaux, dragons et fleurs, 0,52 × 0,32.

155. Pipe à opium. Longue tige en bambou terminée par deux bouts en ivoire, garnitures plaque en argent repoussé. Long. 0,54.

156. Deux crânes de tigres avec leurs dents.

157. Un kipo (kakémono chinois) représentant deux canards mandarins au bord de l'eau et lotus.

158. Deux pièces. Une boîte rectangulaire avec fleurs et une petite bouteille en écaille octogonale formée de quatre morceaux ajustés.

159. Une grande lanterne à huit pans, pendeloques en soie. Haut. 0,70. Manque de verres. Exposition d'Hanoï.

160. Un grand sabre japonais avec fourreau annamite, garniture argent repoussé gravé.

161. Une pipe à eau pour fumer le tabac en cuivre et galuchat, inscriptions sur la pipe (mauvais état).

161 *bis*. **Une racine** formant un squelette de dragon chimérique peint en jaune. Long. 0,60.

162. Un écran minuscule, plaque marbre, monture bois de deux couleurs, pourtour ajouré, 0,16.

163. Une bouteille en verre bleu poli à la roue, panse ovoïde, col cylindrique. Haut. 0,24. Cachet gravé Kien long, 1736-1796.

164. Un grand collier de mandarin (forme chapelet), composé de boules en bois de santal, jade et pierres dures.

165. Coupe en faïence de Satsouma, à fin décor polychrome, représentant des personnages. Diam. 0,14.

Meubles.

166. Un grand meuble étagère en bois de deux couleurs à compartiments et galeries ajourés, avec portes, incrustation d'os. Haut. 2 mètres. Larg. 1,60. Provenant de l'Exposition chinoise d'Hanoï.

167. Meuble annamite, forme carrée, en bois de Gô naturel, incrusté de nacre, parties ajourées mobiles, 1,20 × 1,20.

168. Deux meubles forme carrée, bois de Gô naturel, incrusté de nacre, 0,85 × 0,77.

169. Deux fauteuils carrés bois naturel, dossier et appuie-bras sculptés et ajourés.

170. Une table étagère bois naturel galerie ajourée. Larg. 0,93, haut. 0,85, profondeur 0,65.

CULTES
BOUDDHIQUE ET TAOÏSTE

Il existe en Chine trois religions principales :

LE CONFUCIANISME, *code de morale pratique basé sur la doctrine philosophique de Confucius et sur le culte des ancêtres. C'est la religion officielle de la Cour, des mandarins, des lettrés. Les dieux et les génies étant tenus à l'écart dans ce culte, on n'en fait généralement point d'images. Ils ne sont représentés sur les autels que par des tablettes portant leur nom.*

LE BOUDDHISME, *introduit en Chine vers la fin du premier siècle de notre ère, est une religion spiritualiste fondée sur la doctrine que le Bouddha Çakya Mouni avait prêchée dans l'Inde six cents ans auparavant. Les bonzes qui vinrent l'enseigner à la Chine apportèrent, en même temps que leurs livres sacrés, une esthétique religieuse et des formules nouvelles qui devaient modifier profondément l'ancien art chinois.*

L'iconographie bouddhique reproduit surtout l'image de Çakya Mouni aux diverses phases de son existence terrestre. Elle fournit aussi de nombreuses figures de Bodhisatvas, et notamment de Kouan Yin, la déesse de la Miséricorde et de la Grâce divine, et des portraits d'ascètes, de Lohans ou Rakans, les moines missionnaires disciples du Maître. (*Nos 171 à 178, 182 à 184 de notre Catalogue.*)

LE TAOÏSME, *ou doctrine du Tao, existait en Chine à côté du culte officiel à l'époque où le Bouddhisme y fit son apparition. Cette religion avait été fondée 600 ans avant notre ère par le philosophe Lao Tseu. Mais elle n'avait pas tardé à dégénérer de sa conception première pour se transformer en une sorte de matérialisme, où le fétichisme et les pratiques de sorcellerie sont bizarrement amalgamées avec la métaphysique très élevée de Lao Tseu.*

La superstition populaire, encouragée par les prêtres, y engendra des croyances locales, qui donnèrent lieu à la création d'une multitude de divinités secondaires, génies du ciel, de la terre, des eaux, des villes, etc. On y distingue notamment les Pa-sien, *ou les huit* Immortels, *et beaucoup de personnages qui, ayant donné pendant leur vie de grands exemples de piété, de courage, d'érudition, furent, après leur mort, divinisés. On les retrouve dans la statuaire chinoise sous leur forme humaine, en robes de lettrés, en costumes de mandarins civils ou militaires, avec les attributs des grâces qu'ils dispensent: la gourde contenant les remèdes, la pièce de monnaie ou le lingot d'argent, le pinceau ou le livre roulé, etc. Les numéros* 185 *à* 210 *de notre catalogue représentent, pour la plupart, des divinites de cette série.*

Statuettes anciennes

PREMIÈRE SÉRIE

Bronze et cuivre.

171. Le Bouddha Çakya Mouni assis, faisant un geste mystique. Bronze vert. Haut. 0,30.

172. Le Bouddha debout sur un lotus à double rang de pétales. Bronze doré. Haut. 0,33.

173. Deux Bouddhas du Laos accroupis, faisant le geste mystique *de la prise à témoin.* Coiffure en forme de *stûpa.* Patine verte. Socles en bronze ciselé. Haut. 0,38.

174. Deux Bouddhas du Laos. Mêmes attitudes. Patine verte. Haut. 0,30.

175. Bouddha du Siam, assis sur un trône élevé de quelques marches. Bronze doré ancien. Haut. 0,25.

176. Bodhisatva accroupi, tenant à deux mains la tablette de jade (*hou*) sur laquelle les anciens mandarins écrivaient leurs notes pour l'Empereur, et qu'on porte devant la bouche lorsqu'on parle au souverain.

Les Bodhisatvas sont des personnages divins qui n'ont plus qu'une existence à vivre avant de devenir Bouddhas.

177. Bodhisatva accroupi, la tête ornée d'un diadème flammé. Le personnage fait un geste mystique. Pour socle, un lotus à double rang de pétales. Belle pièce dorée et laquée. Haut. 0,25.

178. Hoteï, prêtre chinois du dixième siècle qui a pris rang au Japon parmi les sept *Fukujin* (dieux du bonheur). Il personnifie la bonté. C'est le grand ami des petits Japonais. Il est représenté avec un ventre énorme et velu, la mine joviale, un éventail à la main, accroupi sur un sac. Bronze noir. Haut. 0,35.

En Chine, Hoteï est devenu Pou-taï (Pou-sa), le dieu de la sensualité, obèse et ricanant, couché sur un sac ou bien contre une outre qui renferme les biens et les jouissances terrestres.

179. Deux grands porte-flambeaux de pagode en cuivre ciselé. Cigognes debout sur le dos de la tortue, emblème de la force. Haut. 0,90. Pièces anciennes.

180. Ancien miroir taoïste. Grand disque en bronze. Au dos : décor en relief de *svastikas* alternant avec des cachets sur lesquels est répétée une inscription qui signifie : je souhaite que vos cinq garçons deviennent tous mandarins.

181 Petit miroir en bronze provenant d'un temple taoïste. Disque poli sur l'une des faces et décoré sur l'autre de figures en relief.

La destination de ces miroirs, dit M. Paléologue (*Art chinois*), est de figurer dans les temples de Tao, à titre de symboles des dieux qui président aux révolutions du cycle duodénaire. C'est pourquoi on y voit figurer les douze animaux du zodiaque chinois. Chacun de ces animaux exerce une influence mystérieuse sur la période du cycle auquel il appartient.

DEUXIÈME SÉRIE

Bois.

182. Divinité a quatre bras, accroupie. Pièce ancienne laquée et dorée. Trône en bois sculpté laqué rouge. Hauteur totale 0,40.

183. Bodhisatva laqué et doré. Trône en bois sculpté laqué. Haut. 0,40.

184. La déesse Kouan Yin, tenant un enfant. Elle est accroupie sur un lotus épanoui formant trône. Pièce laquée et dorée. Haut. 0,30.

Divinités du Tao et du Culte officiel.

185. Chang Ti, dieu du ciel, en costume de lettré, coiffé d'un bonnet de forme antique. Il tient à la main un lingot d'argent et est assis dans un large fauteuil. Belle pièce ancienne en bois laqué, d'un très bon style. Haut. 0,55.

186. Tou ti Kong, dieu du sol et de la richesse, assis dans un fauteuil et tenant à la main un lingot. Pièce ancienne laquée et dorée. Haut. 0,50.

187. Tsou Kouan, dieu des honneurs, en costume de mandarin militaire ; assis dans un large fauteuil laqué rouge. Pièce ancienne dorée. Haut. 0,70.

188. Les génies de l'amour conjugal. Un Chinois debout, tenant un présentoir à offrandes et une Chinoise debout, les mains jointes. Figures fort expressives. Belles pièces anciennes laquées et dorées. Haut. 0,33.
Ces deux statuettes symbolisant l'amour conjugal étaient attachées ensemble par une petite pièce de bois.

188 *bis*. Même sujet. Deux personnages debout sur socle rouge.

189. Deux divinités assises sur socles laqués rouges. Bois laqué et doré. Haut. 0,23.

190. Tchéou Tsang, écuyer de Kouan ti, le dieu de la guerre. Debout sur un socle, le personnage en costume militaire tient de la main droite une hallebarde, la main gauche est campée sur la hanche. Pièce ancienne peinte et dorée. Haut. 0,45.

191. Wen T'ien-siang, debout sur un monstre marin. Ce héros, littérateur et chef d'armée, est célèbre par son immuable fidélité à la dynastie nationale chinoise des Songs, au moment où celle-ci succombait sous les coups des Mongols de Koubilai Khan (1279). Ayant été fait prisonnier par les envahisseurs, il parvint à s'échapper et à rejoindre par mer le souverain légitime. Il est l'objet d'un culte annuel, dans le temple du dieu de la Littérature, de la part de tous les sous-préfets, des recteurs des collèges, etc. On l'a représenté ici comme une sorte d'Arion chinois. Très intéressante ancienne pièce, en partie laquée. Haut. 0 m. 43.

192. Personnage barbu assis, les pieds nus. Bois laqué richement doré. Haut. 0 m. 30. Sur un haut socle en bois sculpté laqué rouge.

193. Li T'ié-kouai, un des huit *Sien* ou Immortels, sous les traits d'un mendiant qui gravit un rocher. Il s'appuie de la main droite sur un bâton, et, de la gauche, tient un fruit. Bois doré. Haut. 0 m. 30.

194. Deux Immortels (*Pa-Sien*). Jolies statuettes en bois de camphrier richement doré. Socles laqués rouges.

195. Deux Sien, symboles de l'amour conjugal. Bois doré. Socles laqués rouges.

196. Divinité a cheval sur un tigre. Bois doré et peint. Travail annamite ancien.

196 *bis*. Même sujet. Bois foncé.

197. K'ouei sing, Démon des lettres et de la grande Ourse, qui préside aux examens. Il est, le plus souvent, représenté sous la forme d'un diable fort laid, debout, donnant un coup de pied à la grande Ourse, et tenant d'une main un pinceau (qui manque à notre statuette) et, de l'autre, un lingot d'argent. Le nôtre est assis sur un tigre. Traces de dorure ancienne.

198. Le même personnage debout. Socle rouge.

199. Divinités taoïstes. Trois statuettes assises. Bois peint et doré.

200. Tsou kouan, dieu des honneurs, en costume de lettré, assis dans un fauteuil laqué rouge. Jolie pièce ancienne, dorée, d'une belle patine. Haut. o m. 3o.

201. Trois divinités. Pièces anciennes. Traces de dorure. Haut. o m. 20.

202. Ts'aï chen, dieu de la richesse. Statuette en bois doré, assise sur un trône laqué rouge, élevé de deux marches.

202 *bis*. Le même, sur un trône laqué rouge.

203. Divinité en costume guerrier, terrassant deux animaux. Sculpture annamite peinte. Haut. o m. 25.

204. Personnage assis, un lingot à la main. Belle patine, traces de dorure.

205. Pa-Sien ou Immortels, en costumes de lettrés. Six statuettes assises. Bois peint et doré. Ces pièces seront vendues séparément.

206. Wen tchang ti kiun, dieu de la constellation *Wen tchâng* et de la Littérature, dix-sept fois incarné dans le cours des siècles, tenant un livre roulé. Personnage debout. Bois doré.

207. Ho sien Kou. Divinité féminine, de la série des huit *Sien*. Elle porte un grand vase. A ses pieds est un cerf. Fragment d'un groupe. Bois doré.

208. Deux lions en bois doré. L'un est accompagné d'un lionceau, l'autre pose sa patte sur une boule. Ce sont des figures emblématiques *t'ai che chao che*, symbolisant le premier Ministre et le second à la Cour. Les fonctionnaires chinois s'envoient ces lions en guise de souhait d'avancement.

209. Deux lions ayant chacun une patte sur une boule. Pièces en bois doré, plus petites que les précédentes.

210. Divinités taoïstes. Les huit Immortels (*Sien*), dieux du bonheur, de la richesse, de la science, etc. 33 statuettes en bois laqué, peint et doré.
Ces pièces seront vendues par deux ou trois.

211. Autel taoïste formé d'une châsse, en bois sculpté rouge et noir, d'une galerie à jour, et d'une grande inscription en caractères chinois en relief, autrefois dorés.

211 *bis*. Autel taoïste, plus petit que le précédent.

212. Champignon d'arbre, à tête de chauve-souris en argent, yeux d'améthyste. Symbole taoïste de longue vie.

TABLE DES MATIÈRES

18-2-07. — Tours, Imp. E. ARRAULT et Cie.

www.ingramcontent.com/pod-product-compliance
Ingram Content Group UK Ltd.
Pitfield, Milton Keynes, MK11 3LW, UK
UKHW022005260726
13994UKWH00004B/1957